LA CASA DE VIDRIO

LA CASA DE VIDRIO

Poesía

Edgar R. Díaz

CONTENIDO

*Para Rafael mi hijo: inagotable fuente
de alegría e inspiración.*

[...] después de lo cual entraron a la casa de su dios y comieron y bebieron e invocaron el mal [...]

-JUECES 9:27.

CASA DE VIDRIO

Hoy escribiré hojas de nada
para nadie
y sobre estas hojas transparentes
habitaré con palabras claras
para que no exista un pretexto
de no encontrarme en mi casa de vidrio.

MI PECHO

La grieta de mi pecho es
una palabra inquieta que palpita
tucún tucún...

MIRAME AHORA

Mírame ahora haciendo círculos
en cuadrados pesados de desprecio
no como en una mañana que quiero
que me mires y no sepas porque lo haces.
Mañana o cuando puedas ojea este recuerdo.
Mira pasado mañana lo que has hecho sin saber
y saborea tu victoria ciega en una taza de café.

YA ES DE NOCHE

Ya es de noche y no digo nada
pues es de vacío la voz que tengo
el espacio magnético no me deja recoger
las notas que intento,
y pegarlas en las cuerdas de cobre
de mi garganta eléctrica.

PROFETA DEL CIELO

Alguna vez el cielo me dirá entre sueños
la hora de mi muerte y crea yo por una vez
en ese instante que se cumpla.
También el cielo puede dictarme lo que dicta
y mencionar de parte de quien lo ha mencionado,
así pronto de tanto escrito pueda convertirme yo
en un profeta del cielo.
Podría predecir la muerte de las personas con la
mirada
mis oráculos más precisos aunque poco queridos,
pronunciarían
la muerte de los grandes políticos, de los líderes
mundiales,
de aquellos pensadores que se creen inmortales.
Podría viajar mi mente en el futuro para descubrir
las cosas que ninguno de los que estamos vivos
pueda ver nunca
saber lo que se está sembrando en este mundo y lo
que segará
cuando me vaya, aunque muchas de estas cosas
casi todos las sepamos.
Voy a poder mencionar quien hará la guerra con-
tra quien,
podré presagiar los sucesos importantes que
están por ocurrir.

Quiero que el cielo me dicte también el pasado,
descubrir la verdad de la historia
y saber con certeza los accidentes que la cubren,
podría saber la ubicación exacta delos barcos hundidos
los aviones que se encuentran debajo de las aguas
y todos sus tesoros.
Sabría la muerte de todas las cosas incluso de aquellas que aún no existen
la muerte del hombre, del cielo, del mundo,
conocería la muerte de miles de cosas pero sobre todo
mi propia muerte, que vendría pronto apenas comenzaran
a cumplir mis predicciones.

LA HABITACIÓN RESPIRA

La habitación respira con la suave ventisca de la mañana
yo respiro y pienso que será la última vez que lo haga,
un frío profundo habla de su aliento en mis sabanas
quiero responderle con un golpe de cobijas en las piernas
quiero tirarlo cerrando las ventanas pero ya están cerradas
aún pienso pero ya no existo en este mismo renglón cliché
mis memorias se han congelado dando vueltas de lavadora
así será toda la aurora mientras mis pies caminen bocabajo.
Los pulmones de vidrio de mi cuarto
son las aberturas por donde se ven mis manos que trabajan
la cerámica de este arte de palabras gélidas como el barro
dando forma aunque siempre deformándose entre dedos
donde se mezclan con mi lengua como agua de lluvia y río.

LA CAMA

La cama no ha dejado de ser un charco, en donde poner la carne
de mi viejo cuerpo como un animal en rastro,
ni lápida que a mis miembros extienda por la noche.

LA MUERTE PUEDE EXISTIR
EN LA MISMA BOCA

Este exilio siembra en mí en extremo
la extraña sensación de ser extraño
de ser un desconocido en el infierno
de saberme desarmado y seguir la lucha.
¿Quién en este destierro puede soportar una
muerte fingida?
¿cómo desentenderse de lo que pasa al otro lado
del muro?
o del mundo si mientras gira se siente el impulso
contrario
luchando contra toda fuerza siempre en pulsacio-
nes negativas.
Creeré que la vida así como la muerte puede exis-
tir en la misma boca
y que los perros ladran a toda muerte que se en-
cuentra en la azotea,
y las lagañas de los gatos nos dejaran ver la calcá-
rea calavera,
yo no puedo saber de qué color será su muerte
si muriéndola estará a más pasos de la ceniza que
del tártaro
yo no creo que se nos hayan dado alas para no
volar
ni brazos ni manos ni boca ni lengua para no usar-

los.

LA MAÑANA ES NOCTURNA
CON SUS ALAS DE MUERTE

La mañana es nocturna con sus alas de muerte
lejana temperatura de un cuerpo celeste ya per-
dido,
    vuelve para ser creado y creador de lo visible
    de un amor apócrifo que ya no se siente en las
sabanas
                siempre fue entre mantas que cubrían
la deshonra
                con un caldo marino de los besos que
nos dimos
                tirados en el suelo.
    Lejano está el puente de la sonrisa roja que unía
una mirada oscura
    y un paso de nieve confundido.
    Un poso de nube sin su fondo.
    Oh mañana como un manto blanco de sol,
    la sonrisa muerde lo incierto y lo maligno.
    Me despierto al lado de tu cuerpo silábico
    y creo que se hace pedacitos al pronunciarlo.

EL MUNDO ABIERTO COMO
UNA CASCARA DE NARANJA

Hoy no es templado ni frio ni calor
se fueron las ansias de hacer, decir,
no queda piedra que moler ya no hay piedras.
Tropiezo con una roca grande y también se des-
morona
también quiere consumirme en su incertidumbre
y me desea con la maldita verdad de un cuerpo
como si estuviera siendo secuestrado por una
sombra
o por mil sombras que abren sus pechos para reci-
bir
el dolor que me invade.
Me he tragado el nudo de la corbata y se ha atorado
en la tráquea y presiona para todos lados como un
nudo.
Puedo recordar las cosas que hacía de niño, pero
a veces preferiría no hacerlo.
Recuerdo perfectamente los barrotes de madera
en mi cuna
eran blancos como los dientes de mamá,
y sonreían.
Recuerdo el mundo abierto como una cascara de
naranja
presentándose ante mí y mi memoria culpando a

las cajas
de galletas, mi mente que nunca supe dónde es-
taba,
siempre se llenó de basura incluso de adulto lo
sigue haciendo...
El motivo de mi plática es encontrar la salida
de este mundo-fruta-partida que se aparece cada
día
cada vez que abro los ojos ahí está esperando el
mundo
a que le muerda con rabia
Puedo desayunar también mi piel de papel
aunque sé que las letras me hacen daño,
por eso pongo los brazos en la espalda
para no escribirme como un papiro
y tener que hacer pergamino de mi cuerpo.
Hoy ya no puede decirse que sea caliente el cielo
o el infierno como una manzana en la garganta,
será el seno que trepo de un cerro, la palpitación
es el brote de las flores en la tierra y los chapulines
entre el pasto, miles de insectos que deliran
hierbas que brincan o se cuelgan entre ellas.
Constantemente salía de casa cargado de ideas
como un libro con perniles en medio de las pági-
nas
con fuego en las paginas
mientras corro para no perder el ritmo de las pala-
bras
de los portales agarro las frases y las letras
pateo sílabas en coladeras descalzas

siempre estarán por el suelo aunque no quieran,
saltaba los charcos pegados a una nada, las palabras huían
de mi parsimonia y oscurecían tímidas en la mente
los ríos de memoria reminiscencia retentiva evocación remembranza
sangraban de frases en las estancaciones mención presencia repaso
de mi ciudad como una isla que se acumulaba en los entornos
imprecisas entre semáforos y avenidas
calles mojadas de infancia con los barrotes de la cuna blanca
entre las manos, un pequeño preso de mí mismo,
azotado por un cuerpo que no podía mover a voluntad
nunca con la fuerza que habría querido tener: un león.
La vida siempre fue y ha sido lo que he esperado de ella
aunque no la espero sentado, también me he detenido
sólo en meditaciones laberínticas y sin salida,
con libros inacabados, con proyectos a medias y amistades
innecesarias...

EL CUERPO ES LA MAGNITUD
PARA MEDIR AL MUNDO

El cuerpo es la magnitud para medir nuestro mundo.

El cerebro es un giroscopio a velocidad mach siempre cambiante

pero nunca perdido de si, así mismo se equilibra.

Los ojos son los que dicen la verdad pero también los que dicen la mentira

en mi gramática es así, la gente puede leerse en pergaminos oculares.

En un cuaderno puedo escribir muchas cosas incluso cosas que jamás

he visto pero tú que lo lees haces que crees en lo que digo aunque también

puedes pensar en que es falso. Pero te gusta mantener la ilusión de

que es real...

Todo es real.

PRIMERO DE ENERO DE DOSMILALGO

En este momento una falda me mira con sus ojos
gris y azul

ojos de cuadros que ondulan al mirarme,

yo la miro también y pienso en desposeerla de su
dueña

y eso creo que me emociona más que la dueña

de pronto, no sé por qué, leo *posestructuralismo* y
pienso

que creo que sé lo que significa y me entusiasmo
con tan poco.

Hoy terminé de leer un libro negro con pastas
blancas y hojas blancas

veo la ventana y no quiero que se me termine el
día

porque así como es aquí los días pueden ser muy
tristes o excitantes

pero hoy es un día dolorido en mi hipotálamo gra-
cias a eso.

Hay gente en la calle y como yo están tomando
cerveza, es año nuevo y

físicamente estoy solo, aunque eso todos lo
somos y estamos,

todos somos solos,

aunque no lo advirtamos porque creemos ser y

estar cuando hay

gente a nuestro lado, pero siempre somos uno solo o sola en nuestro

cuerpo...

Por eso siempre queremos estar haciendo el amor o cogiendo o fornicando

o como sea que hacen los animales el coito

o como sea que se llame eso que hacemos con la mente y la entrepierna

o como se le llame a esa comunión que para mí siempre será espiritual

sea con quien sea...

Hoy por ejemplo es primero de enero de dosmilalgo

tengo muchos calendarios en una bolsa de plástico y casi

estoy seguro que no pondré en mi escritorio ni colgaré

de la pared ninguno porque así me olvido de los días,

no quiero sonar depresivo aunque lo esté sonando ahora

me alegra el día porque tengo hambre y sé que puedo saciarla

el otro día lloraba porque tenía algo que muchos niños no tienen

aunque parezca mentira lloré por esa razón y me recriminaba

porque me sentía un asesino sólo por gastar algo de dinero

y si aparenta ser una falsedad no lo culpo porque
hasta me parece que

no puedo reconocerme en esa idea, aunque últi-
mamente

frecuenta mucho mi cabeza.

Gastamos la energía hacemos desperdicio y aun
así podemos seguir

sonriendo. El día que menos lo esperemos dejare-
mos de ser.

Hay muerte en todo lo que hacemos...

Todo puede acabar muy pronto como la sonrisa
de una chica extraña

que me miró por la ventana del autobús, o como
cuando

un hombre y su hijo se retuercen con una ser-
piente gigante

mientras ellos están desnudos frente a mí con una
mueca de sufrimiento.

Cada día me alejo más del cielo, si es que éste es-
taba guardado para mí

o si estaba destinado para sentir que me alejaba yo
mismo.

Se oye mi voz como un camión que se ha estre-
chado en un

triste abrazo con otro y los demás siguen vivos
pero lloran por éste

encuentro. Han pasado veintidós días desde el úl-
timo que recuerdo

aquí sentado leyendo mis pensamientos

como un recuerdo que se repite y parece que lo he

visto antes

las nubes suenan a un camión en reversa armado

con su alarma que no cesa en un interminable ti...
ti... ti... ti... ti...

Los libros han matado a sus autores

los libros se han comido mi cerebro en un abrir y
cerrar de libros

la gente se ha hecho más grande cada día y cada ves

son más los que se decían menos

ahora somos más cadáveres en el cosmos o que
nos encaminamos a ello

polvo de estrellas somos y en polvo de estrellas
nos convertiremos.

Llevamos años tratando de descubrir la verdad y
nunca la hemos hallado

se esconde perfectamente en las rendijas que tene-
mos para mirar

en las palancas que usamos para tocar los objetos

en las garras de estas palancas con placas de plata
y acero.

Parece que en realidad no dijera nada

pero lo que hago es volar por el cielo con las pala-
bras que me inspiran

algo.

Algo es lo que debo hacer siempre al despertarme.

Siempre hay tiempo de más aunque no lo parezca

puedo perder ese oro de mil maneras y nunca re-
cuperarlo

sólo ahora si lo recuerdo.

Si lo recuerdo me mortifica la ausencia de algo,

eso que pudo

marcar el cambio entre ser y no ser y ese no siem-
pre

será el dilema.

Si hay que luchar contra la hoja en blanco cada día
debería hace

mejor un pacto, si es una guerra constante debería
forjarse

una tregua. Para no dejar de manchar con estos
trazos

y garabatos la faz de una hoja que ni siquiera
existe

porque no la puedo tocar con las yemas de mis
dedos.

EL CENTRO DE ESTE FRÍO

Aquí parece que me escondo para que no se me vean las ideas

para pasar desapercibido como cualquier animal invernando

aprovecho para decir que es invierno y que es el centro de este frío

sin macula que a veces entra y gime por una puerta solitaria.

El calor no entra pero el sol afuera pica como si fuera mil agujas en la piel

y lo detesto, no me gusta que me toque el sol con sus manos ardientes.

TODO ES UN MISMO DÍA

Sera otro día, me digo siempre cuando voy de vuelta a la cama

y dejo de escuchar las palabras en el corredor que es un barranco

pero también dejo de sentir las palabras en mi mente que me incitan

los golpes de máquina que resuenan en este valle incompleto

o en esta meseta de donde salen mis ideas.

El mundo gira y es lo que nos trae un nuevo ciclo, qué es en sí

una simple sucesión de horas que terminan llamándose igual

pero si no tuviéramos la necesidad de dormir daríamos con

el cuento de que todo es un mismo día y notaríamos esa rotación

constante y sabríamos que estamos pegados al planeta

casi sintiendo el aire que choca en las mejillas por la velocidad de su vuelta.

El día es nuevo y creo que se acabara pronto porque aún no ha clareado,

y parece que es un día viejo ajado sin ejercicio, pero sólo se hace joven

mientras avanza y comienza a gritar con el mur-
muro de mil sonidos lejanos

y otros que se acercan dejando su eco en el caracol
lento de mis oídos.

Avanza el día y creo que se pasea como un gato
aburrido en su cama

queriendo dormir de nuevo, el día ronronea, pa-
rece que me arrulla,

maúlla con su suave caminar de primavera.

POLILLAS

Sólo han quedado unas palabras suaves dentro de la boca

detrás de la lengua sobre un montículo de letras esparcidas por los dientes,

y estas palabras delicadas me han dejado la noche pernoctada en un campo

con estrellas en las manos y con las palmas resecas como un llano árido

y como un poso que se ha secado de niños y años,

miro las manos de alguien que me las entrega para levantarme

y son manos fuertes que son suaves pero nunca escaparan,

estas que me tocan dicen: levanta la ventana un vendaval

y yo siento todavía que floto en los recuerdos de un camino que llevaba

hacia un árbol y que puedo deshojar como un cuaderno enraizado

al que me puedo colgar de un columpio suicida en una tarde roja,

puedo deshacer el columpio y hacer una imagen bella con las bellas

palabras reunidas en torno a la piedra, un altar, un grito:

la muchedumbre clama que la pira se encienda sobre un cuerpo

y yo no puedo moverme en este sueño, sueño loco sueño.

Al mismo tiempo pienso que he recobrado las fuerzas y no soy el mismo

que ayer decía la verdad, hoy también digo mentiras y mañana las diré

pero qué más da si al final de cuentas todos vamos hacia la misma hoguera

para ahogarnos como polillas que se dejan quemar por una luz

que no es la gloria

hacia la muerte más dolorosa ya sin alas.

Puedo, además, ver a través de las sonrisas de los hombres y de las mujeres

que se me acercan para pedirme el alma, y veo a través de los corazones

más humildes y tristes de la tierra, por encima de los rostros que en su

manto están cubiertos de invisibilidad hacia los otros, los que somos

cero humanos o humanos convertidos en ceros, yo no quiero terminar así

tirado por la calle como un cero cualquiera. Quiero ser un cero en una suite

de lujo, con vista al mar y mar adentro quiero ser un dios que sea uno el

número tres en el que estén contenidas las demás vicisitudes.

Para siempre se dice quiero esto y lo otro, no quiero enseñar nada pero las

las cartas están puestas en la mesa tú sabrás si las tomas o las dejas,

es como cuando uno sabe lo que va a pasar si entra a la jaula de los leones

así todos estamos avisados de lo miso y nuestras sandalias caminan

alrededor de una cruz más vieja, no nos cuelguen de este madero de

tormento, así en un tiempo de sueños dejemos decir la pesadilla de lo que

estamos compuestos y quizá después de eso salgan bellas palabras o

imágenes que describan mejor lo que somos.

EL ERMITAÑO

Los pies sobre los que estoy puesto, aquí me vinieron a dejar,

son los zócalos de unas columnas que yo contemplo,

como un viejo ermitaño desde la altura y desde aquí doy la bendición

a las personas que pasan y dejan su presente para un pobre farsante.

Luego se preguntan ¿quién lo puso ahí o como llego a ese lugar sólo con sus

pies? Pues si son sus pies los mismos sobre los que está sentado y al mismo

tiempo son su piernas las que lo sostienen sobre sí mismo. Un trabajo lo

lleva a otro y una mujer a otra mujer y a otra persona que son diferentes

entre una y otra.

Las piernas me llevan por los lugares idílicos, por el locus amenus y llevo

a la amiga que será la cómplice de mis recuerdos, guardados en el secreto,

la piedra que nos una como una almohada en la aljaba de la almena

abajo en el bajío la guerra nos despierta y nos visita el tiempo viejo o como dirían los científicos: la antigüedad o la edad antigua, así

será la vida del hombre de fe y el que la perdió a lo largo de su vida

y que ha perdido pero que encuentra en sus pies los motivos para seguir

luchando.

CONDIMENTO

Algunos le llaman dolor
 otros
        le dicen pimienta.

EL INFIERNO

Veo un partido de futbol donde los que juegan son guerreros condenados

de un infierno conocido,

¡al portero le llaman cancerbero!

TÚ Y YO SOLOS

Tú y yo solos, en este cuerpo que se llena de llamas
es fácil decirlo porque el "tuyo" no es un cuerpo
lleno de combustible
como éste en donde estoy sentado y se hiere de
dolor.
El sol nos apuntó con su cientos de ojos de fuego
para hacernos cómplices de su muerte en la tarde,
iluminó nuestros cuerpos mediante nubes que se
asomaban
tras la pared del día y saltaron para caer dentro de
nuestra línea
en el mundo, cálido, y sobre todo lujurioso,
como nuestros cuerpos brillantes deseosos de te-
nernos.

EL LECTOR

Leo algo de literatura y me canso de estar sentado,
me paro y me canso de estar de pie,
vuelvo a sentarme pero ahora estoy incómodo,
me recuesto bocabajo apoyo los codos sobre
la cama
pero me quedo dormido apenas leo el segundo pá-
rrafo,
durante veinte minutos antes de dormir, veinte
minutos
estoy cabeceando, intentando no caer en el sueño,
lucho contra las letras con mis ojos
pero los parpados son escudos de pesado metal
que se cierra como puertas o tumbas de grandes
piedras,
al final, siempre al final y no antes, termino ce-
diendo
el paso al sueño, aunque no estoy seguro de que en
verdad
sueñe en ese pequeño espacio de tiempo literario,
tiempo y espacio se combinan como nunca lo
harán
en otra parte, el espacio no existe y el tiempo se
deforma
sólo un sueño se mezcla entre las coyunturas de
mis deseos

más bien divago durante la ausencia de lucidez

y creo que vuelo muy alto sobre esos jardines colgantes de Babilonia,

los judíos juran juzgarme pero no están en su justa tierra

yo jadeo en la jaula junto a ti, tus gemidos ya no me hacen falta,

si solo estoy en la cama creyendo que leo pero sobre ti

en un libro de tu espalda mientras te hago el amor literalmente

quiero tatuarte estos símbolos que salen de mis manos que te tocan

tu piel de mujer que canta y dice lo que no puedo escuchar claramente,

me levanto y prendo la luz porque ya es hora de despertar

pero despierto conmovido ante la ventana que refleja una luz

cualquiera que sea no será la mía que dirijo hacia la luna o el sol

en una dirección que estaba planeada hace varios miles de años.

Me asomo por mi ventana de vidrio.

DUPLICIDAD

Hay una fuerza incontenible en las cosas
que a veces pienso, éste es un texto que describirá
el interior de un hombre que soy yo y es muchos a
la vez.

Mi interior son muchos interiores que no quiero
descubrir

pero que encuentro a cada día como una forma de
redimirme

de alguien que soy en una sombra donde se siem-
bra la membrana

y que puedo verte hablándome a mí mismo que
me veo y que me escucho

diciéndome diciéndote a ti que soy yo que eres tú
y que los veo a los dos que son que somos uno.
Como un espejo frente a otro espejo, el uno no
refleja al otro, sólo le hace ahondarse en sí ense-
ñándole

su profundidad y su duplicidad en sí mismo.

ESE ALIENTO PEQUEÑO
QUE LLEVAS CONTIGO

Nómbrame en el mismo instante en que vuelo contigo
con aleteos leves y ligeros sobre tú casa
al momento cuando desciendo por las escaleras paso a paso
contigo en los brazos y pienso que me estoy hundiendo
por continuar con algo que no quiero,
este recurrente sueño que apoco se convierte en pesadilla
pero ya estoy en casa y lo sientes,
como de desprecio se ha ido llenando la cisterna en que mojaba
todas aquellas bienvenidas contigo en los brazos.
Te recuerdo así fresco entre tus cobijas calientitas
con manotazos ligeros,
y tus ojos ligeros me miraron más profundo que nadie
esa anagnórisis extraña en que sabias perfectamente
quien era sin siquiera conocerme.
Esas noches no pasaste frio, con dos brazos amables que te cobijaban
y el abrazo se convirtió en alimento,

no sé si con el tiempo puedas sentir, algún día o noche, frío,
o si al avanzar los años el hambre no te la quite un abrazo
y si el respirar deje de ser placentero como lo es ahorita
quisiera que recordaras todo lo que piensas para que después
puedas contarme como eran tus sueños abstractos, sin más,
sin prisa.
Yo te sueño de las maneras más divertidas y creo que puedo
seguir soñándote en éste preciso relámpago de tiempo
todavía con ese aliento pequeño que llevas contigo
y es un sueño claro como una burbuja que no quiero que reviente
aunque sé que tiene que hacerlo después de flotar bella
y transparente, reflejando en nuestros rostros
su superficie de cristal, seremos en la última etapa
el rocío como diminutas lagrimas derrumbándose sobre una quimera.
Pronto voy a verte crecer en un camino que ascienda
dejaras de estar en mis brazos y caminaras por tu propio impulso,
sabrás que la respuesta a casi todo se encuentra en

ti mismo

y podrás decidir si quieres que otros diseñen tu existencia

o crear tu propia vida en tu camino, tu propia ascensión.

EL MOMENTO

El momento preciso de la creación me siento dios.

Seré el camino que me propongo cada día como una hoja de todo

en mi cuarto desafiando la libertad que nos esta negada,

seré en una noche purificante la luz que ilumine todo eso que yo quiero.

EL ESCRITOR

El sueño quiere dominar mi cuerpo en este mo-
mento en que escribo

o cuando leo algo me vence y dejo, como un árbol
deja caer sus hojas

yo me miro y pienso que debo ser más fuerte que
el sueño que me abraza

el sueño me calcina aunque puedo contra él tan
sólo llevando mi mente

a despertar. Pero no es tan fácil.

A TI

Ella es mía en la lengua desde la terminal nerviosa
hasta el fin del tren en una arteria donde comienza
mi camino
sé que puedo llevar más lejos esto hasta conver-
tirlo en el sueño más
admirable como el brillo de la noche sin estrellas
ni luna,
una oscuridad que simplemente me encanta: así
es ella.

SI HE RENACIDO

Si he renacido es porque soy un Cátaro y mi resur-
gir

lo encuentro en esta botella de polvo que bebo
como un fuego

ya no más como el fango translucido que me sofo-
caba

sino como un padre que ve a su hijo crecido entre
gente que no conoce

siempre con un suspiro en la puerta de la boca cual
toro bramante

en la mañana de un día de Noviembre, nublado.
Pero sin lluvia.

Pero sin ella. Que tanto dolor tuvo que pasar para
que yo no lo tuviera.

Y lejano como estoy, el fénix que me ha comido
las pupilas

se regocija con ellas en su pico de mil voces y no
alcanzo a la distancia

con esa mirada partida que me ha dejado de cicló-
pea intención en sus

afiladas fauces.

He perdido una vida y quiero recuperar la antigua

mientras salto entre las faldas de mi destino que
me buscan como si

estuviera perdido con un légamo que me es familiar, como un hermano

y ese hermano de hermandad símiles de carnes, mi carnal de carnaval

acaba de ser un espejismo, una hermana que con impúdicas danzas me

asemeja en se espejo, que se convierte en fatamorgana y me hace creer

que sigo vivo en los magueyes de una existencia que ha rebasado todo

alcance, ya el alcance es puro mérito y premio sin descanso.

Mi hermano el fango, de él resucitan los fuegos fatuos que yo

voy alimentando,

y a ellos me uno para sobrevivir a este día.

EL SIGUIENTE PASO

Ahora el cemento esta duro y yo no puedo o no
quiero
　　ser el que pise primero porque tal vez me hunda.

SENTIRSE AGUA

No es una maldición sentirse agua
cuando fluye entre los racimos
de las nubes que son sombras en las alturas
y caen sobre un niño que llora de alegría
y son en sus mejillas las notas de la música
en su cielo personal cuando sabe que vive.

UNA GOTA

Soy sólo una gota de lluvia que sube
apenas al cielo para formar una clara oscuridad
caigo enorme sobre llanuras
pastizales y mar, sobre ríos
y tierra seca donde se humedecen
casi las plantas de mis pies.

LIMPIAR LOS MALES

La gota quiere saberse frágil
en volutas de aire en tu suspiro
que soplas para darme el aliento
donde el oxígeno parece que me falta y tiembla.
El acelerador es una gema
y un sólo hombre puede cerrar
las puertas de incontables casas
o las puertas del lugar
para limpiar los males y los pecados.

VIDA Y SILENCIO

Cualquier cosa menos lívida
la vida impávida como un juego
simple y callada para escuchar
el morbo del silencio trepando
el muro de ruido irrespetuoso.

CUANDO DESEO

En la noche se escuchan más o menos
las brazadas que aletean gimiendo acaloradas
se puede oír el pensamiento
ideas que cruzan la cabeza
de bellos pensamientos en la almohada.

REDESCUBRIMIENTO

Yo no vine a dejarme el alma
como quien vende el cuerpo solido
en esta nocturna estancia
en los confines de mi mundo
sentado en una ventana que me refleja
únicamente vine para pasar en otra forma
de redescubrimiento y punto.

EL SOLITARIO

El solitario no comprende su anonimato
es presa fácil de la autocomplacencia
y puede pasar las horas de una a otra
sin cambio notorio y aparente.
Es un grano de arena sin contacto
sin estática que le muestre su pervivencia
puede morir de un dolor de estomago
o de migraña en una noche
podría subir el monte Everest en un día
sin que nada lo perturbara en su ascenso
el agua que toma lo perfuma
con el aroma de una mujer que ama
con la forma de una botella que ama.
El *sólido* es un hombre que hiere
al más acorazado cuerpo acerado
encerrado en una persona inmune a las cortadu-
ras,
sabe mentir para mentirse a sí mismo
con la sabiduría de quien sabe que no posee
más que verdad en sus palabras.
Podría saber de lejos reconocer al enemigo,
estampa de su inocencia
y verde de sus emociones.
¿Cuándo cesará el tiempo de su imperio de silen-
cio?

¿Cómo sería el mundo sin lo gris de su espíritu?
Podría comer todo a solas y sin demora,
llevaría los fondos de su clarividencia
en aras de hacer morir su blandura,
como una semilla de sésamo en el mar
envuelta de granos marchitos de arena del mar.

EN TIEMPO PASADO HACÍA

En tiempo pasado hacía,
ahora hago como que hago
mañana hare que hice
y tecleo estas palabras del bolígrafo
que chorean mientras dicen:
se palpan con un papel semiblanco
tambalean con las balas de mi palma
se balean con las almas de mi pluma
juntas como el tiempo apretado que aparenta
un juego venenoso en las venas que veneran
el argento lustro de mi siglo ilustrado
que termina con mi himno resonante en este tér-
mino.

TIEMPO DESTINO

Tiembla el tiempo en resonancias acústicas
el tac de un paso apresurado
el tac de un miembro sobre el charco
de sonoras imprecaciones sobre el suelo
Así pasará la curva en movimiento
y siempre ese juego de galopar la denomina
objeto sobre objeto es la esperanza
de este juego que no termina sino
alegre continua hasta hacerse destino cumplido.

EL ADORMECIDO ÁRBOL
DEL QUE NACES

En cualquier ciudad los edificios
y en las montañas las cuevas
son grandes y pesados huecos
de negra sombra que agusana
al mundo.
Vengo de lejos y cansado
quiero comer y dormir
si me toco me duele
ya no te toques: siente.
El adormecido árbol del que naces
y la tierra clara y fría
donde al poco tiempo tendrás que ir
tomando ese pequeño huevo
que se ha quebrado de humedad
el invierno lo ha corrompido
ni su heredad en la frente quiere
ese camino que a mí me ha dejado
colgado de una soga,
tú invierte los pasos del nudo
de mi cuerda al cuello y déjame
caer sobre ese charco que ha dejado el cielo.

CENIZA

Mi cuerpo aquí meto cada día
en una corriente alterna
alterno día y noche
con botas de trabajo y casquillo de acero.

ESTRELLA FUGANTE

Es un zafiro la presencia de ese astro
y una ausencia el reconocerlo ido.
Se ha marchado y que mejor,
no hay más que pueda yo retener,
y ese obstáculo
ahora se ha convertido en libertad.
Fue una estrella fugante
en un camino empedrado
donde sus llamas contaron cinco años
para el final estrellarse y caer muriendo,
dando un último destello
ahora sólo puede quemar las piedras
del camino estrellado
No era una estrella, era una piedra ardiendo
la roca fugaz que se quemaba.
Yo bajo las cenizas de su sombra brillante
por poco me calcino con sus brazos calientes
de ese cuerpo celeste que bajo de prisa
para intentar tocarme.

MI HISTORIA

Calle abajo se siente el viento
que va achocar contra la nuca,
la mañana se disipó con furia,
el cielo se expandió dando espacio,
yo contemple a las calles derretidas
con pasos que caían como gotas de cera
amoldándose a sí mismas por su propia fuerza.
Hoy quise que la mañana se alargara
hasta la siguiente en los brazos que me cobijaron.
Mañana también seré el cuerpo de anoche,
o algunas hojas muertas manchadas de tinta
o algunas de este otoño que empieza y ya se acaba.
Sera mi historia un fino fluir de suertes
y aquel destino por borrarse se haga claro
cual estanque cristalino de pureza.
Y entienda todo mi yo todo mi todo,
toda mi historia futura escrita en las manos
de quien escribe lo que no debemos conocer es-
crito.
Hoy también columpiaré mi cuerpo en la balanza
que sopesa los cuerpos que abundan en el mío
uno tras otro acumulados por el pasar del tiempo,
uno sobre los otros.

LA CAJA DE CARTÓN

En esta caja se encuentra mi yo,
mi yo de cartón como las paredes,
puedo atravesar los muros con los dedos
y hacer orificios para respirar, sí, como la nariz.
Mi casa es una tumba de cosas.
En ella hay siempre serpientes que nunca quise,
me sorprendieron las arañas en el techo
y la comezón al rojo vivo de la noche.
Cuándo partiré de este laberinto de papel
en el que sólo encuentro la salida si se moja;
el único descansar es el llanto
y cerrar los ojos atónitos que juegan a ser de mí.
Velar este cuerpo con mis propios miembros
es el secreto del que no quiero desprenderme,
ni despedirme todavía de mi caja.
Sobre los hombros mi nombre se asombra,
mi ascenso no es el de un gigante pero soy
la sombre de su caída entre los pies.
Este día sólo el cartón me ha alimentado
la ética se cumple como un principio negativo
y así sabré que la caja que me soporta
antes fue mi casa, el techo que me cubriera
ahora un simple banco de cartulina destrozado
antes fue el futuro que en el tiempo se quedaba
ahora la cascara tiempo abierto quiere dejar tam-

bién de serlo.

QUIZÁ SE INCENDIE EL MUNDO

Un árbol de frío viento se mueve
cae el sol detrás de la montañas
quizá se incendie el mundo
o el mar se consuma con una gota de fuego.
El árbol se columpia en sí mismo
y es inamovible para los hombres
a mueble natural hogar de quienes vuelan
y techo a cielo raso de los que a suelo descansa-
mos.

ESCRIBO PARA NO DEJARME

Escribo sólo para no dejarme las palabras en las
manos
   para no comerme los nervios de olvidar o ser olvi-
dado
   o para mantener viva mi conciencia de vivir aquí,
   en medio de los locos que quieren volverme loco
   con los ruidos de su salubre agonía *insane*.
   Los dientes blancos, nubes pequeñas, pequeños
sueños,
   se han adornado de harapos los amores incorregi-
bles,
   las palabras se me agolpan como niños por dulces
   las palabras hablan, siempre dicen algo diferente.
   Escribo para que al final del plazo de un día
   mis sueños no sean pesadas bromas
   y estos sueños no sean pesadillas
   que con la noche no pueda cargar.
   Lo negro de la tinta va pisando
   hace el camino que es un verso
   en un blanco prado hoja de nada.

QUE PASA EN LOS POETAS

Qué pasa en los poetas,
sólo jugando a ser locos
donde no hay sangre,
sino palabras con miedo.
Ya no jugaré a estar perdido
en el talón que sangra por su clavo
ahí donde se encuentran
los colmillos de la sierpe
la toxina en los nervios
y en las manos inmóviles.
Puedo jugar a ser el extraño irreconocible
a ser el inverosímil con una tristeza vaga
el que a la deshonra puede aplaudir incontenible-
mente
o simplemente el que camina con el tedio a cues-
tas.

HIJO

El azul de un cielo se metió
por la llamada de teléfono
y reptando por mi oído llego a mi mente
donde pudo alegrar la noche
que se fue haciendo oscura,
con una llamada al móvil
conteste y decía lo brillante que era el cielo.
Y decía: ¡papá!

MUERTE NOCTURNA

Invente unas letras en mi cuaderno
he infames se fundieron entre ellas
haciendo una sombra,
una mancha que se movía por sí misma
y cayó a la cama entre cobijas
y no eran lágrimas sino algo que se hizo peor para
mí
en la cama adiviné que el amor
es algo físico, como una goma para borrar,
y es que a mí me gusta que sea así
pero estuve esperando a que mis letras,
suspendidas en la cama,
entre el colchón y la noche
muerte nocturna se dieran los amantes
quieren olvidarse mientras se matan
con noctambula muerte penetrándose.
Sus poros soplan un calor que se entrelaza
y suenan sus bocas con dientes asesinos
y no regresan sus uñas amadoras en los sueños
detrás de la espalda o en la nuca con un beso,
si no regresan porque saben que es la hora
de los besos de fuego que en lengua se fraguan
es la hora de la obscena y comienza
el delirio que es pragmático
y es purgatorio de perdones

donde pedirlo es pecado y pernoctar.
Ya no pediré más calor
la suave manta que cubría mis huesos
se ha deshecho entre aumentos de frio.

SUELTO EL FRENO

No debo perder ni un segundo
el acelerador esta accionado
y ruge como una ballena herida.
Lo suelto y sé que el caucho se quema
en el suelo quedará el testimonio y la marca
de amoniaco del que fuimos exorcistas
y sé que sigo siendo el que te saca
los demonios de tu cuarto.
Ni con el arco en la mano puedo resistirme
a lanzar un golpe que se agolpa perdido en la
bruma
y que a galope llegara a destino predicho por mis
ojos.
Ya el sabor de tu boca no me sabe a los dioses
ni a religión como antes lo hizo
ahora me sabe a espíritus y rituales antiguos,
quiero decir que me embruja y me embriaga.
Cuando suelto el freno me doy cuenta
de que ya estamos volando entre todos estos ojos
que
flotan y me acechan tras la nubes
y chillan como sirenas plásticas.
Son los ojos de Edipo los que me miran
y entre tubos quieren soltar su podredumbre.
Las llamas que salen del escape son fantasmas

tú vuelas conmigo y cruzamos la luna ártica

dejo que el motor sufra, las luces del cuerpo nos
guiarán

toma las cruces de piedra en mi saco, nos perde-
mos entre las nubes

no debo perder ni un segundo,

juntos de regreso por esas tierras desconocidas.

COMPUESTO DE PALABRAS

Si sé que sabré decir sólo soledades en mi habita-
ción,
cuando no duermo no estoy despierto
no desespero pero callo a veces mejor que seguir
divagando
tanto creo tanto que dejo de creerlo
en un mundo que es la materia con lo que nos
hicieron
nadie se escapa de esa fatalidad ser materia muda
y estar
compuestos de palabras todo el tiempo, sólo po-
demos definir
por medio de la lengua que también envenena
como una vena donde circulan los glóbulos en la
avenida
con el cerebro y en el cerebro no puede haber san-
gre.
Yo siempre seré yo aunque la interminable mú-
sica me lleve por una
calle seca que no conozco, casi corriendo como
perseguido por seres
hechos de letras que me hablan y me escriben al
mismo tiempo, que los
escribo y se definen de maneras que desconozco.
Me atacan con los libros que leí como si fuera mi

culpa lo que en ellos
   dice.
   Llego descalzo a una calzada y siento que por fin
descanso
   una hoja en blanco por donde desciendo yo junto a
estos signos
   que quieren describirme pero su semántica se es-
curre como el semen
   y ya no significa el significado pero no dejara de ser
por eso.

LA CANCIÓN QUE QUIERO
QUE ESCUCHES

La guitarra suena a un compás que me despierta

la lluvia cae afuera incontenible y despreciable como lluvia

tengo que salir a la calle y prendo un cigarrillo o no lo prendo

me pregunto. No, a final de cuentas siempre voy a estar aquí

conmoviendo con las cosas que digo a los oídos, un anillo, una cuerda,

veo como caen las notas del silencio en las palabras que no digo

mis propias cuerdas se amontonan para tocar una ligera canción

una que quiero que alguien escuche y parece que se alían todos

música y palabras, me recuestan me llevan y no soy un hombre lejano,

llego a la pared que está en mi mente y sabes que siempre estoy ahí

puedes encontrarme cuando gustes no hay más que venir

en un día como este. Por la noche tengo que salir otra vez, salgo

porque es la manera de reconciliarme con la

mujer que me mira

me llevara una rosa porque la conozco y yo le llevo tan sólo mi vida

porque me conozco. Me reconcilio con su tiempo. Me reconcilio de nuevo.

Hoy el calor del día es uno nublado casi siempre está así aquí por eso

el día de hoy es lento yo lo llevo como si fuera un animal que se come

su propia cola, una serpiente, una bestia, yo. Yo camino por la calle

mirando a los que me miran y saben que pronto seré un abismo.

La noche llega a un lugar donde piso, cada página es gris, en la noche voy

a desvelarme en este alcohol con humos rojos, llegará otro día por supuesto,

mi mundo se desdobla y canto la canción que quiero que escuches.

Mis dientes son una guitarra.

YO ME PREGUNTO

Froto mis manos y sé que empiezo, caliento mis músculos

entreno mi mente, mis neuronas están al ciento por cien

sé que el temor ha caducado y sirvo porque doy y no por ser así

seré menos que otros, quiero justificar

que gano justificándolo todo, mientras la base suena en los oídos

no dejo de ponerme el anillo y con ese ciclo me persigo constantemente

ahora mismo no suena el chillido del móvil, y es extraño que hable de esto

es extraño que no suene.

Yo me pregunto, siempre me preguntare como suceden las cosas, aunque

lo vea no siempre es comprensible. Siempre me pregunto, quien contestará.

La lluvia es fría y mis ojos también están fríos por una nube de insulto

que tengo justo encima y que es para todos. Pero no odio a nadie.

Al contrario todo mundo me agrada hasta las personas que desprecio

pero nunca será por un vicio nefasto o tonto.

Los versículos que escribo no son de inspiración divina aunque lo parezcan

y esto es en verdad sarcasmo de una charca que mi sexo ha hecho

y tu orgasmo me debilita más un que el mío propio por eso sé que

provoco morbo y es así cuando creo llegar más lejos que la vista de las

personas que me desagradan. ¿No sabes si eres tú?

Sé que decirlo todo en un segundo no valdría para ser escuchado

por eso lo escribo, así tengo la certeza de que terminaras de leer esto

aunque signifique perder valiosísimos segundos de tus neuronas.

No es mentira si digo que está lloviendo así de fuerte como se escucha,

gritaras mi nombre entre las gotas pero ninguna de tus frases o tus letras

de aire llegaran a mis oídos golpeados por un chocar de partículas de ruido.

Mi cerebro no contempla sólo decodifica la sustancia de la que esta

hecho dios y yo arrastrándome para que las gotas no me toquen.

Tus morfemas son ahora de cristalino miedo que se ha fraguado con

trémulo remedio medido mientras me muerdes *my murderer.*

SOLAMENTE UNA NOCHE

Solamente voy a sufrirte una noche,
te lo prometo
aunque no será una sola para mí, esta noche es
todas,
una que se enfría en los placeres de poder llorar
una en la que no pueda reconocerme
en la que no podré distinguir entre seguir y acabar.
Mis bolsillos se vacían y mi mente o mi cerebro se
enriquecen
mi carne está más al rojo vivo porque experi-
mento
está ansiedad de decir cuando ya no es tiempo de
decir
lo que ha llegado a pasar y sé que es momento de
callarme.
Todas las palabras que pude articular se han que-
dado prensadas
sólo porque mi naturaleza, que es mineral,
se congela en determinantes ecos que se esconden
en nuestro pasado.
No estoy oxidado, oxigeno cada partícula que se
mezclará
en pedacitos que dicen ser de mí. Así respiro en-
trecortado ahora.
Cada mañana es un miembro más cercano a otro

día
   donde ya no se mueva aun el silencio rojo que nos
dejó aturdidos
   y esa desazón manchada de palabras que dijiste en
la mentira
   también los versos se articulan en cuantas veces
la mentira,
   en canticos que se ufanan por seguir creando luces
fantásticas de tu rostro.
   Me sufriré una noche cada día,
   con la que es amarga,
   con la que es dulce.
   Me muestro en los ojos, ojillos llorosos llenos de
llanto
   como una serpiente que bajará por la mejilla
   rompiéndose en el mentón que es montaña y pre-
cipicio,
   que es licencia para otro juego sucio
   cómo sangrar sin perder la vida, sólo llorando
   Y lloro del todo en silencio, en un sin fin de muer-
tes.

RELACIONES

La verdad sea dicha, entramos y salimos de rela-
ciones
de manera fácil. Con mucha mayor facilidad de la
que podemos
mantenerlas.

ENSEÑAME

Hijo enséñame a hacer las cosas bien.

ESCRIBO EN PAPEL MOJADO

Una hoja en blanco, yo sigo acostado,
esta hoja es un desafío para mí,
aún duermo en el cuerpo despierto
estoy tramando algo grande pero aún no se
si tengo ganas de decir o de hacer
quiero que la generación se produzca por medio
de mí
quiero que la escritura sea un mar abierto por el
medio
del estómago y por el medio de la barca en donde
voy durmiendo
la luna nos hace brillar los ojos y creo que vivo
en tu cuerpo más caliente que el fondo de éste mar
rompen las olas tus rodillas rotas y juegan en tus
sirenas
los miembros de mi cuerpo de mimbre
las cosas de tu casa están flotando como una cas-
cada y
van cayendo, yendo, yendo...
Hoy un avión pasa y ruge por encima de mi casa y
como
si fuera un bombardero bombardea las bombar-
das enemigas
yo mejor me quedo dentro de casa, no quiero ser
testigo de esto

una masacre a plena luz del día frente a mis ojos es algo que nadie

soportaría. Nadie soporta mientras ve la muerte rondando en las pupilas

de los perros mortuorios, en sus lagañas se encuentra el secreto de ver

lo que es secreto para todos, aunque yo no lo he probado, ni deseo

poder ver a la muerte en su motocicleta Yamaha negra con amarillo

muy hermosa.

Hay un vagón también en mi sueño y también aquí afuera

donde están las vías

algún día caminé por ellas durante muchas horas hasta que llegué

a una fábrica y me detuve afuera, los trabajadores me miraban y a mi

me ganó la pena de no saber en dónde andaba,

así que regresé por donde vine

apenado, caminé y me fui a refugiar en los dolores de las madres que estaban

a los lados de las vías rojas de sangre de sus vientres

me seguía diciendo durante mucho tiempo antes de regresar al vagón

en qué momento perdemos las vías de nuestras vidas y arrancamos una

carrera que no queríamos correr y disentimos lo indiscutible

sólo para dar con el mismo rojo de la mensurabili-
dad.

Aquí hay un par de zapatos que no quiero recono-
cer

y los lentes de una mujer

con la que no quiero tener relaciones pero que ya
tuvimos sexo.

Además de todo el cuerpo es un saco de miel y yo
solo quiero probarlo

sentir ese jugoso devenir en la boca cuando uno
pone la lengua y deja

que todo escurra. Así me gusta sentir que digo
algo que en realidad quiero

y no algo que quiero que tu escuches, no algo que
quiera que tu leas.

Puedo pretender muchas cosas pero no todo de
golpe eso es imposible

lo sé bien.

Las aves dentro de mi cuarto dicen que es hora de
bañarme pero

aún es muy temprano para hacerlo prefiero dor-
mir un sueño lejano

dentro del alcohol, en esa barca donde puedo na-
vegar enfermo

¡sin que nadie me dirija una mirada un suspiro o un
dedo!

Así lejano escribo en el papel mojado, creo que ba-
jaré a caminar

como lo hizo cristo en las escrituras sin hundirse,
yo puedo hundirme

en mis escrituras sin mojarme sin tener que caminar

sobre las aguas del mar vivo y hacerme el vivo

o hacer vino y haceme en el vino. Sin tener que caminar.

Voy a hacerme en el mar muerto sobre las bodas de quien sea,

pero de cualquier manera la madera de mi balsa será mi tumba.

Tengo que hundirme en la ducha para limpiar mis pecados del futuro

pues aun no sé qué hare pero estoy seguro que para un dios voy a pecar.

El barco sigue esperando a que el astrolabio se detenga en algún punto

pero no es realizable, yo me detengo en este mismo punto y termino.

El agua se me ha metido hasta el cuerpo

y me he constituido de setenta porciento

de agua o algo así más o menos, todo lo demás soy de viento.

Lo que sí sé es que tengo las manos llenas

de líquido que se calienta cuando hace frio y se enfría cuando hace calor

o sea que es térmico y me mantiene bien, todo está bien

aunque todo este mal, muy mal. Yo me siento convencido y eso me vasta.

Hoy en el mundo un niño se perdió lejos de su madre

que eran todas las madres del mundo,
ese niño pedía a gritos encontrar a su madre que
eran todas
pero ninguna respondió siendo que cualquiera lo
pudo haber hecho
yo me aleje de ese sueño porque aún estaba des-
pierto
y quise apagar las luces
aunque había gente afuera tuve que correrlos y
decirles que se fueran a tomar
a otra parte, eso pasó en la noche mientras inten-
taba descansar sobre
mi colchón que se vencía a causa de mi propio
peso.
Hora es otra noche y creo que siempre voy a ha-
blar de las mañanas
y de las noches
porque es algo significativo para mí, y pienso que
ni el cielo ni el infierno
vendrán por mí porque yo no voy a ninguno de
ellos.
Dormir es ir a todos los lugares que uno quiera vi-
sitar, incluso,
y más frecuentemente
lugares que no existen, áreas extensas donde el
horizonte se curva
y no aparece el mar o zonas donde las montañas se
yerguen desde el fondo
de un piélago acuoso,
así mismo recurro a mi interminable soñar para

poder estar despierto
y aunque parezca una dualidad inútil, lo es aunque
de manera mucho más sutil.
El sol ya está prendido nuevamente yo
he despertado con un montón de preguntas
pero no sé a quién hacérselas,
mi único compañero el Internet que hace de amigo
para todo, incluso es mi enemigo más mortífero
con quien me encanta lidiar.
Hace rato y desde hace mucho tiempo los enemigos
me son algo indispensable
por todo lo que hacen para que yo este mal, ellos me hacen estar bien
me hacen reaccionar y ser mejor. Eso ya lo sabía.
Hay situaciones que se escapan de uno como una fría noche,
aunque las noches frías son agradables bien acompañado
yo creo que una situación trepidante no siempre será encantadora
no tanto como uno quisiera, yo quisiera ser en años un sabio que supiera
de una tragedia nueva de estos inescrupulosos días donde me veo manchado
con la sangre que yo no me he comido
y con la carne que me pesa el doble
y con los dientes que me duelen

y los huesos y las articulaciones
manchado todo de sangre
de la sangre que me han comido.
Soy un viajante en esta maleta
anónimo de lo que pueda pasar
cegado por lo que pueda suceder afuera
la ignorancia es la felicidad
yo soy feliz de tantas cosas
siendo viajante veo más de lo que ven mis ojos
en mi cerebro, yo cotejo las imágenes
y hago una palabra de mil de ellas
las fundo con mi veneno, y así
serán palabras ponzoñosas
que nadie quiere escuchar
y que yo ya no puedo decir a quemarropa
mejor me las guardo junto, para recordar todo lo
que he visto.
Ya es tarde meciendo este tedio tendido en mi
tienda de entretiempo
y sé que no es el miedo a permanecer inactivo en
este valle
o en esta alcoba que pretende sumergirse entre
mis interjecciones
lanzadas con la voz de piedra que me cargo.
Acompáñame por favor a devorar este cielo que se
ha metido
por lo más recóndito del abrazo que he dejado al
aire en su innegable ser
siento vuelvo y escribo con impaciencia, des-
pierto de un sopor

que me tenía sumergido
ahora las sombras se han convertido en luces que
agarro
para hacer un camino.

VELOCIDAD

Sé que voy a una velocidad mayor, muy rápido estoy llegando, las estrellas me esperan...

ESE SOY YO

Qué es esto que se siente después
y esto que me dice que no es hacer sentir
o como puedo murmurar a la cara de un sentir
sin sentir ni siquiera un palmo de lo que digo o
cuando lo digo el cielo que es cielo flota sobre sí
mismo
y dice las murmuraciones que en el cuerpo empie-
zan a aparecer
yo lo que sé es que de estar tatuado de mensajes
por toda la espalda solo podría obtener mi memo-
ria viéndome
al espejo recordar los versos subliminales que va-
lieron la pena
que al escribir se valore tanto lo que se dice y
poder portarlo
siempre con valentía, mostrar lo que se tiene por
dentro
prefigurado con tinta imborrable sobre la piel del
rostro
y que diga con toda la honra: ese soy yo.

LA HORA

La hora de este momento es ya
me he decidido tarde de un fanático suceso
la hora me redime a cada punzada que da
con esos brazos que alarga en un momento
la hora me sofoca en el pensamiento diciendo
que he de hacer ahora
en esta precisa hora.

EL POETA

El poeta no es poeta
no es poeta si no ha aprendido a sufrir
no es poeta si no ha aprendido a llorar
el poeta no es poeta si no ha aprendido a reír más
que llorar
no es si no sabe que el sufrimiento es una herra-
mienta de la vida.
Pero si sufre de más entonces está condenando a
hacerlo de seguido
por eso mejor no sufro y me duermo o camino o
rio mientras duermo
mejor tomo un sorbo de esto que me bebo
y me bebo yo mismo en un vaso de vidrio como
mi casa
tomo un poco de lo que me hace sentir cerca de las
estrellas,
porque con esto creo que me acerco a lo que he
sido y a lo que seré
siento en la botella de la locura,
en estos poemas escritos al lado de una dama espi-
ritual
que se van evaporando en tu mente como en la
mía sus efluvios
que se graban como un sello incandescente en la
palma de la mano

para que lo recuerde, porque lo he de recordar cada vez, cada que este aquí

plasmado de nuevo en una tinta que no existe, en un mundo de ceros y

unos.

El poeta es el único que sabe que no lo es.

QUIERO SER TU JUGUETE

Quiero ser tu juguete puedes llevarme entre las piernas
una vez y otra puedo hacerte una broma, quieres jugar conmigo
sabes qué soy porque caigo con la lluvia que cae en tu espalda
cuando te bañas
cuando te mojas
cuando te dejas
eres la mujer que se cubre el cabello en mi superficie
y que hace como que está dormida cuando duermo
para cuidarme el sueño pesado que es una pesadilla
que me has de cubrir con tu propia estrategia para no soltarme
que tendrás pensado un plan para siempre
donde viviremos en un sexual juego de roles
tu apoyada en la pared yo en tu espalda
y llego con mi espina hasta tu espina dorsal
con sistemáticas embestidas rítmicas.

NO MUSIC

No soy un guitarrista, ni un flautista,
ni un pianista
soy un vaginista.

ÉSTE JUEGO

Comienzo vomitando al principio del día, es la forma de decir mal día

es la forma de decir, que tengo una herida en mi vicio.

No soy orgulloso, comienzo este discurso en tono de tragedia

en el color del que sale de mis ojos, en nivel difícil tirándole a experto

o quizá suicida. En éste juego voy tramando una tela en la que sé que algún

día voy a caer y me va a salvar la vida. Se también muchas cosas que quiero dejar

de saber porque en algún momento voy a caer en ellas y me han de quitar la vida.

Lo he de hacer así como yo quiera con toda la alegría de mí ser que de mi boca sale

y de la cual no tengo que preocuparme sino más he de saber que me voy rejuveneciendo

con ellas y sin ellas, llego a ser y llegaré a ser, lo que yo mismo decida.

ESPASMOS

Tengo los espasmos más oscuros, los más hoscos, intratables,

aquellos donde me arqueo para derramarme por el suelo

tengo los espasmos donde digo lo que puedo sentir o donde puedo

expresarme sin sentir lo que veo, aun cuando veo los sucesos

más espeluznantes sobre esta tierra, sobre ellos está todo,

más aún nadie quiere llorar por ellos. Son los espasmos del mundo

que derrama sobre el suelo todo de lo que al final está compuesto

yo suelto de igual manera todo aquello que me forma y deforma.

Mi corazón ya no palpita, se agita, se estremece tiene convulsiones

se ha hecho todo estómago, procesa todo lo que ingiere luego lo que

le hace daño me hace daño lo vomita

yo, como el sapo, soy todo corazón que se ha transformado en vísceras

porque tiene que tragar y digerir lo que le hace bien y mal

aunque no quiera, la pescadilla que se muerde la cola,

la serpiente que se come a sí misma, para después vomitarse.

Tengo los espasmos que se traducen en versos,

los sucios, los tercos, los que me llenan el alma, los que me desnudan

tengo los versos bajo el brazo, dentro del puño, que quiere golpear

los espasmos de mi persona que se hace mil arcadas

los que me impulsan al precipicio como caminando por mí,

empujándome desde el intestino hasta el barranco

donde están estas náuseas de siempre querer decir

estos son mis espasmos personales.

NO SÓLO CONFUNDIDO

Que representa este cuerpo en donde estoy dor-
mido

el que me orbita desde su principio, en su antropo-
morfismo

en su efímero paso por esta roca que gira cargada

de fuego, tierra, fuego, el aire que nos consume al
consumirlo

los pasos que doy sobre esta gigante piedra entre
otros cuerpos

que igual avanzan, sobre las nubes avanzan y no
las veo

porque no se ver aquello entre los bosques de per-
sonas que me miran

estoy obcecado por esos pasos que no doy en todo
el día

me siento confundido por el parecer de la vida
entre la felicidad

y la ignorancia, y creo que entre todas estas cosas
no sólo voy confundido

sino también equivocado.

Cuando me miro por las mañanas a través de la
ventana descubro

un pasado nada remoto en donde respiro una tran-
quilidad

de no saber nada y mientras pasa esto la verdadera

felicidad se agolpa

y comprendo entonces la felicidad en general del giro de nuestra roca

en la que en realidad caemos todos al mismo tiempo hacia un universo

que desconocemos y en el cual vamos como una espiral soñolienta

a miles y miles de kilómetros por hora de kilómetros por segundo

y no nos damos cuenta de la marcha acompasada en giros

como un torbellino de millones de cuerpos en una esfera

de este baile onírico de doble hélice un vals entre las estrellas.

LOS HILOS

Yo soy el lastre del papalote, mientras cree que
ondea libre
    soy yo quien lo dirige.

TAN CERCA

Quince de Julio: nos faltó estar solos ya lo sabes, deseosos de tenernos

de decir que se vayan todos y quedarnos el uno con el otro mirándonos

los ojos llenos de gusto, de las manos, por los dedos, surcando las olas

de una piel con otra, y encontrar en nuestras células las sustancias

que nos hicieran el viaje de nuestras hormonas alocado

para nuestro cerebro, con todas esas sustancias en el cuerpo,

como no sentirnos drogados de estar así tan juntos

cómo no volvernos locos de estar así tan cerca.

QUISIERA

Ni siquiera sé si quisiera que quisieras...

LIBROS DE ESTE AUTOR

Las Piedras Preciosas Tambén Son Piedras

Edgar R. Díaz escarba en su poesía para ir desnudando la propia condición humana como una roca, el paso del tiempo, la necesidad de permanencia, los amores perdidos, las imágenes que se van formando cada vez más nítidas para describir una forma de ver las cosas. Va horadando en cada capa, descubriendo con una voz a la vez fuerte e intimista, las grandes posibilidades de la poesía, los juegos de palabras, aliteraciones ingeniosas y la experimentación con que se desenvuelve para entregarnos este cumulo de piedras con forma de palabras y emociones.